P Santhuja
Porandla Srinivas

Análise de Redes Sociais

P Santhuja
Porandla Srinivas

Análise de Redes Sociais

utilizando a abordagem SAE

ScienciaScripts

Imprint
Any brand names and product names mentioned in this book are subject to trademark, brand or patent protection and are trademarks or registered trademarks of their respective holders. The use of brand names, product names, common names, trade names, product descriptions etc. even without a particular marking in this work is in no way to be construed to mean that such names may be regarded as unrestricted in respect of trademark and brand protection legislation and could thus be used by anyone.

Cover image: www.ingimage.com

Este livro é uma tradução do original publicado sob ISBN 978-620-3-58363-2.

Publisher:
Sciencia Scripts
is a trademark of
International Book Market Service Ltd., member of OmniScriptum Publishing Group
17 Meldrum Street, Beau Bassin 71504, Mauritius
Printed at: see last page
ISBN: 978-620-3-60988-2

ÍNDICE

1 INTRODUÇÃO

A análise de redes sociais é utilizada para extrair características, tais como vizinhos e pontuações de classificação, de conjuntos de dados de redes sociais, que ajudam a compreender as sociedades humanas. Com o aparecimento e rápido desenvolvimento de aplicações e modelos sociais, tais como a modelização de doenças, marketing, sistemas de recomendação, motores de busca e propagação de influência nas redes sociais, a análise de redes sociais está a tornar-se um serviço cada vez mais importante na nuvem. Por exemplo, o k-NN, é empregado na pesquisa de proximidade, classificação estatística, sistemas de recomendação. marketing na Internet e assim por diante. Outro exemplo é o k-means , que é amplamente utilizado na segmentação do mercado, apoio à decisão, etc. Outros algoritmos incluem componente ligado, katz métrico, adsorção [8], PageRank , SSSP [13] e assim por diante. Estes algoritmos precisam muitas vezes de repetir o mesmo processo de forma redonda por redonda até que o cálculo satisfaça uma condição de convergência ou paragem. A fim de acelerar a execução, os objectos de dados são distribuídos por clusters para alcançar o paralelismo. No entanto, devido ao comportamento de grupo da humanidade, a rotina chave da análise de redes sociais, nomeadamente o processo de extracção de características (FEP), sofre de um sério enviesamento computacional e de comunicação na nuvem. Especificamente, alguns FEP precisam de muito mais computação e comunicação em cada iteração do que outros. Tomemos como exemplo o conjunto de dados amplamente utilizado do gráfico da web Twitter [18], menos de um por cento dos vértices são adjacentes a quase metade de todas as arestas. Isto significa que as tarefas que albergam esta pequena fracção de vértices podem requerer muito mais computação e comunicação do que uma tarefa média. Além disso, o gráfico de dependência de dados envolvido das FEPs pode ser conhecido apenas no momento da execução e muda de forma dinâmica. Não só torna difícil avaliar a carga de cada tarefa, como também deixa alguns computadores subutilizados após a convergência da maioria das características nas iterações iniciais. No algoritmo PageRank executado num gráfico da web Twitter, por exemplo, a maioria dos vértices requer apenas uma única actualização para obter as suas pontuações de classificação, enquanto cerca de 20% dos vértices requerem mais de 10 actualizações para convergir. Isto implica que muitos computadores podem ficar ociosos em algumas iterações, enquanto outros são deixados como estrategistas sobrecarregados com pesadas cargas de trabalho. As soluções actuais de equilíbrio de carga tentam mitigar o enviesamento de carga, quer a nível de tarefa quer a nível de trabalhador. Ao nível da tarefa, estas soluções dividem o conjunto de dados de acordo com o custo da carga perfilada [19], ou utilizam Power- Graph [20] para o gráfico estático, que separa as extremidades de cada vértice para obter o equilíbrio entre as tarefas. O primeiro método é bastante dispendioso, uma vez que tem de fazer periodicamente o perfil do custo de carga de cada objecto de dados. PowerGraph [20] só pode dividir estaticamente o cálculo para gráficos com dependências fixas e, portanto, não pode redistribuir adaptativamente os subprocessos por nós para maximizar a utilização dos recursos computacionais.

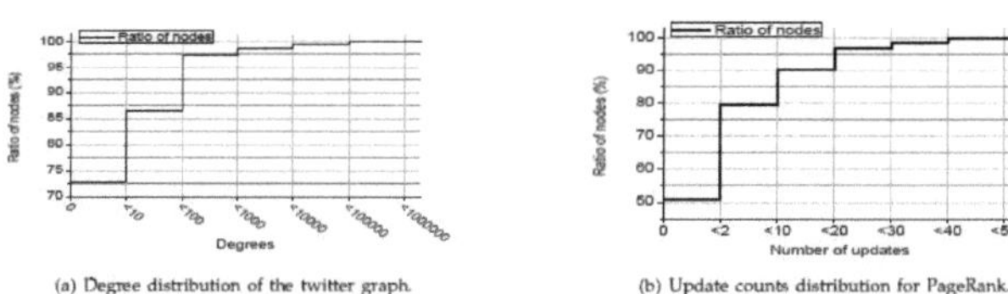

Fig. 1. Skewed computation load distribution for a twitter follower graph.

Medir a utilização de recursos computacionais. A nível dos trabalhadores, as soluções de ponta, nomeadamente os equilibradores de carga baseados na persistência (PLB) [21] e o roubo de trabalho retentivo, podem equilibrar dinamicamente a carga através da redistribuição/roubo de tarefas de acordo com a carga perfilada das iterações anteriores. No entanto, não podem suportar a decomposição computacional de FEPs de cintagem. A partição de tarefas para eles considera principalmente a uniformidade do tamanho dos dados, pelo que as tarefas correspondentes podem não ser equilibradas em carga. Isto pode causar uma grave distorção computacional e de comunicação durante a execução do programa. Na prática, observamos que um FEP em cinzento é largamente decomponível, porque cada característica é um resultado agregado de objectos de dados individuais. Como tal, pode ser factorado em vários subprocessos que efectuam cálculos sobre os objectos de dados em paralelo. Com base nesta observação, propomos uma abordagem geral de partição e distribuição computacional sensível ao straggler, denominada SAE, para análise de redes sociais.

1.2 SISTEMA EXISTENTE

Equilíbrio de carga ao nível das tarefas. Skew Reduce é uma solução de última geração para reduzir o desequilíbrio de carga entre tarefas, tendo em conta que em algumas aplicações científicas, as diferentes partições do conjunto de objectos de dados levam muito tempo a funcionar, mesmo que tenham um tamanho igual. Propõe-se empregar a função de custo definido pelo utilizador para orientar a divisão do conjunto de objectos de dados em partições de dados com carga igual, e não de tamanho igual. Contudo, a fim de assegurar um baixo desequilíbrio de carga para análise da rede social, tem de pagar despesas gerais significativas para perfilar periodicamente o custo de carga para cada objecto de dados e para dividir todo o conjunto de dados em iterações.

Equilíbrio de carga ao nível do trabalhador. Os equilibradores de carga baseados na persistência e o roubo de trabalho de retenção representam as abordagens de equilíbrio de cargas entre trabalhadores para aplicações iterativas. Os balanceadores de carga baseados na persistência redistribuem o trabalho para beperformados numa dada iteração com base no desempenho medido, perfilado a partir de iterações anteriores. O roubo de trabalho retentivo é utilizado para aplicações com desequilíbrio de carga significativo dentro de fases individuais, ou aplicações com cargas de trabalho que não podem ser facilmente perfiladas.

1.3 SISTEMA PROPOSTO

O SAE aborda o problema dos skews computacionais e de comunicação tanto a nível de tarefas como de trabalhadores para análise de redes sociais de uma forma diferente, com base no facto de o cálculo da FEP ser largamente decomponível. Especificamente, propõe uma abordagem eficiente para a análise de redes sociais, a fim de factorizar os FEP em vários sub-processos e depois distribuir estes sub-processos de forma adaptativa pelos computadores, com o objectivo de paralelizar a parte decomponível dos FEP em decomposição e acelerar a sua convergência.

2 ESTUDO DE SISTEMA

2.1 DESENHO DE ENTRADA:

O Input Design desempenha um papel vital no ciclo de vida do desenvolvimento de software, requer uma atenção muito cuidadosa dos programadores. O desenho de entrada é para alimentar a aplicação com dados tão precisos quanto possível. Assim, as entradas devem ser concebidas eficazmente de modo a que os erros que ocorrem durante a alimentação sejam minimizados. De acordo com os Conceitos de Engenharia de Software, os formulários ou ecrãs de entrada são concebidos para proporcionar um controlo de validação sobre o limite de entrada, alcance e outras validações relacionadas. As mensagens de erro são desenvolvidas para alertar o utilizador sempre que este comete alguns erros e orienta-o da forma correcta, para que não sejam feitas entradas inválidas. Vejamos profundamente sobre isto na concepção dos módulos.

A concepção da entrada é o processo de conversão da entrada criada pelo utilizador para um formato baseado em computador. O objectivo da concepção da entrada é tornar a entrada de dados lógica e livre de erros. O erro está na entrada são controlados pela concepção da entrada. A aplicação foi desenvolvida de modo a ser de fácil utilização. Os formulários foram concebidos de tal forma que, durante o processamento, o cursor é colocado na posição onde deve ser introduzido. O utilizador é também fornecido numa opção para seleccionar uma entrada apropriada entre várias alternativas relacionadas com o campo, em certos casos.

As validações são necessárias para cada dado introduzido. Sempre que um utilizador introduza dados errados, é exibida uma mensagem de erro e o utilizador pode passar para as páginas subsequentes após completar todas as entradas na página actual.

2.2 DESENHO DE SAÍDA:

O Output do computador é necessário para criar principalmente um método eficiente de comunicação dentro da empresa, principalmente entre o líder do projecto e os membros da sua equipa, por outras palavras, o administrador e os clientes. O Output do VPN é o sistema que permite ao líder do projecto gerir os seus clientes em termos de criar novos clientes e atribuir-lhes novos projectos, mantendo um registo da validade do projecto e fornecendo acesso ao nível de pastas a cada cliente do lado do utilizador, dependendo dos projectos que lhe são atribuídos. Após a conclusão de um projecto, um novo projecto pode ser atribuído ao cliente. Os procedimentos de autenticação do utilizador são mantidos nas próprias fases iniciais. Um novo utilizador pode ser criado pelo próprio administrador ou um utilizador pode registar-se como novo utilizador, mas a tarefa de atribuir projectos e validar um novo utilizador cabe apenas ao administrador.

2.3 ESTUDO DE EXEQUIBILIDADE:

Um resultado importante da investigação preliminar é a determinação de que o pedido do sistema é viável. Isto só é possível se for exequível dentro de recursos e tempo limitados. As diferentes facetas que têm de ser analisadas são

- **Viabilidade operacional**
- **Viabilidade económica**
- **Viabilidade técnica**

2.3.1 VIABILIDADE OPERACIONAL:

Viabilidade operacional trata do estudo das perspectivas do sistema a ser desenvolvido. Este sistema elimina operacionalmente todas as tensões do Admin e ajuda-o a acompanhar eficazmente o progresso do projecto. Este tipo de automatização irá certamente reduzir o tempo e a energia, que anteriormente eram consumidos em trabalhos manuais. Com base no estudo, o sistema provou ser operacionalmente viável.

2.3.2 VIABILIDADE ECONÓMICA:

Viabilidade económica ou Custo-benefício é uma avaliação da justificação económica de um projecto baseado em computador. Como o hardware foi instalado desde o início e para muitos fins, o custo do projecto de hardware é baixo. Uma vez que o sistema é baseado numa rede, qualquer número de empregados ligados à LAN dentro dessa organização pode utilizar esta ferramenta a partir de qualquer momento. A Rede Privada Virtual deve ser desenvolvida utilizando os recursos existentes da organização. Assim, o projecto é economicamente viável.

2.3.3 VIABILIDADE TÉCNICA:

Segundo Roger S. Pressman, a Viabilidade Técnica é a avaliação dos recursos técnicos da organização. A organização necessita de máquinas compatíveis com IBM com um navegador web gráfico ligado à Internet e à Intranet. O sistema é desenvolvido para plataforma Ambiente independente. Java Server Pages, JavaScript, HTML, SQL Server e WebLogic Server são utilizados para desenvolver o sistema. A viabilidade técnica foi levada a cabo. O sistema é tecnicamente viável para o desenvolvimento e pode ser desenvolvido com as instalações existentes.

DESCRIÇÃO DE 3 MÓDULOS

3.1 MÓDULOS

3.1.1 PROPRIETÁRIO DOS DADOS:

Neste módulo, o proprietário dos dados Regista, Login é o proprietário por detalhesregistados, solicitando os recursos na nuvem como Máquina Virtual (VM), Memória, Threshold, e carrega os seus dados no servidor da nuvem selectiva. Para efeitos de segurança, o gestor de confiança encripta o ficheiro de dados e depois armazena no Cloud Server.

31.2 SERVIDOR DE NUVENS:

O Proprietário de Dados envia um pedido ao Virtual Master para fornecer serviços, atribuindo a tarefa para qualquer nuvem como Cs1, CS2, e CS3. O fornecedor de serviços de nuvem gere várias nuvens para fornecer o serviço de armazenamento de dados através do Virtual Master. Para aceder aos ficheiros de dados partilhados, os consumidores de dados descarregam ficheiros de dados encriptados do seu interesse da nuvem especificada e depois descodificam-nos e o servidor da nuvem pode atacar os ficheiros no servidor da nuvem.

3.1.3 INTEGRIDADE DOS DADOS:

A integridade dos dados é muito importante nas operações de bases de dados em particular e no   armazenamento de dados e Business intelligence em geral. Porque a integridade dos dados assegura que os dados são de alta qualidade, correctos, consistentes e acessíveis.

3.1.4 MESTRE VIRTUAL:

O Mestre Virtual Programará a nuvem com base no número de trabalhos e View all transactions (Upload e downloads), View all Cloud Schedules

3.1.5 CONSUMIDOR DE DADOS(USUÁRIO FINAL) :Neste módulo, o utilizador tem de se registar no Trust Manager para aceder aos serviços da Nuvem e precisa de Autenticar o utilizador através do Login, fornecendo o Nome de Utilizador e a Password gerada automaticamente pelo Virtual Master e depois o D aceder ao ficheiro de dados.

4 CONFIGURAÇÃO DO SISTEMA

5.1 CONFIGURAÇÃO DE HARDWARE:

- Sistema: Pentium IV 3,4 GHz.
- Disco duro: 40 GB.
- Monitor :14' Monitor a cores.
- O rato: Rato Óptico.
- Carneiro: 1 GB.

4.2 REQUISITOS DE SOFTWARE:

- Sistema operativo : Família Windows.
- Linguagem de Codificação: J2EE (JSP,Servlet,Java Bean)
- Base de dados: O meu Sql.
- IDE: Eclipse - Galileo
- Servidor Web : Tomcat 5.0/6.0
- Web Designing :Visualizador de sonhos
- Documentação :MS Office

4.3 AMBIENTE DE SOFTWARE

A linguagem de programação Java é uma linguagem de alto nível que pode ser caracterizada por todas as seguintes buzzwords:

- Simples
- Arquitectura neutra
- Orientado para objectos
- Portátil
- Distribuído em
- Alto desempenho
- Interpretado
- Multithreaded
- Robusto
- Dinâmico
- Seguro

Com a maioria das linguagens de programação, ou compila ou interpreta um programa para que o possa executar no seu computador. A linguagem de programação Java é invulgar na medida em que um programa é tanto compilado como interpretado. Com o compilador, primeiro traduz um programa para uma linguagem intermédia chamada *códigos de bytes Java* - os códigos independentes da plataforma interpretados pelo intérprete na plataforma Java. O intérprete analisa e executa cada instrução de código Javabyte no computador. A compilação acontece apenas uma vez; a interpretação ocorre cada vez que o programa é executado. A figura seguinte ilustra como isto funciona.

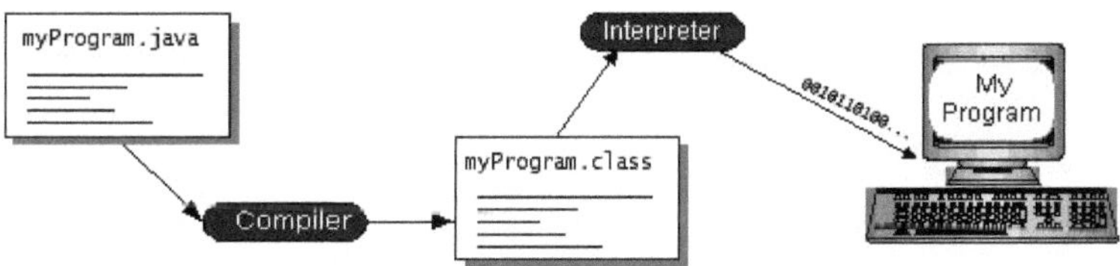

Pode pensar em códigos de bytes Java como as instruções de código de máquina para a Máquina Virtual *Java* (Java VM). Cada interpretador Java, seja uma ferramenta de desenvolvimento ou um Webbrowser que pode executar applets, é uma implementação da Java VM. Os códigos de bytes Java ajudam a tornar possível "escrever uma vez, correr em qualquer lugar". Pode compilar o seu programa em códigos de bytes em qualquer plataforma que tenha um compilador Java. Os códigos de bytes podem então ser executados em qualquer implementação do Java VM. Isso significa que enquanto um computador tiver um Java VM, o mesmo programa escrito na linguagem de programação Java pode correr no Windows 2000, numa estação de trabalho Solaris, ou num iMac.

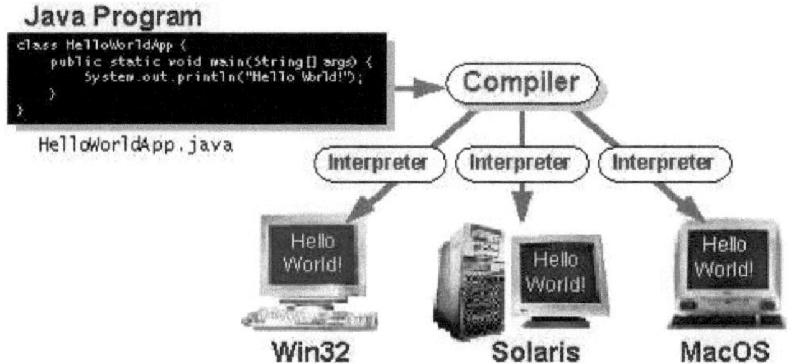

4.3.1 A Plataforma Java:

Uma plataforma é o ambiente de hardware ou software em que um programa corre. Já mencionámos algumas das plataformas mais populares como Windows 2000, Linux, Solaris, e MacOS. A maioria das plataformas pode ser descrita como uma combinação do sistema operativo e hardware. A plataforma Java difere da maioria das outras plataformas por ser uma plataforma apenas de software que corre em cima de outras plataformas baseadas em hardware.

A plataforma Java tem dois componentes:

- A máquina virtual Java (Java VM)
- A Interface de Programação da Aplicação Java (API Java)

Já lhe foi apresentado o Java VM. É a base para a plataforma Java e é portada para várias plataformas baseadas em hardware. A API Java é uma grande colecção de componentes de software pronto a usar que fornecem muitas capacidades úteis, tais como widgets de interface gráfica do utilizador (GUI). A API Java está agrupada em bibliotecas de classes e interfaces relacionadas; estas bibliotecas são conhecidas como *pacotes*. A próxima secção, O Que Pode a Tecnologia Java Fazer? Destaca a funcionalidade que alguns dos pacotes da API Java fornecem. A figura seguinte mostra um programa que está a correr na plataforma Java. Como mostra a figura, a API Java e a máquina virtual isolam o programa do hardware.

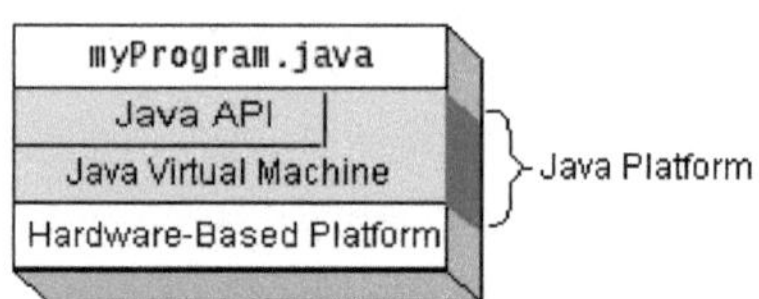

Código nativo é o código que depois de compilado, o código compilado é executado numa plataforma de hardware específica. Como ambiente independente da plataforma, a plataforma Java pode ser um pouco mais lenta do que o código nativo. Contudo, compiladores inteligentes, intérpretes bem afinados, e compiladores de código byte just-in-time podem aproximar o desempenho do código nativo sem ameaçar a portabilidade.

O que pode fazer a tecnologia Java?

No entanto, a linguagem de programação Java não é apenas para escrever applets engraçados e divertidos para a Web. A linguagem de programação Java de alto nível e de propósito geral é também uma poderosa plataforma de software. Utilizando a generosa API, é possível escrever muitos tipos de programas.

Uma aplicação é um programa autónomo que corre directamente na plataforma Java. Um tipo especial de aplicação conhecida como *servidor* serve e suporta clientes numa rede. Exemplos de servidores são servidores Web, servidores proxy, servidores de correio, e servidores de impressão. Outro programa especializado é um *servlet*. Um servlet pode quase ser pensado como um applet que corre do lado do servidor. Os servlets Java são uma escolha popular para a construção de aplicações web interactivas, substituindo a utilização de scripts CGI. Os servlets são semelhantes aos applets na medida em que são extensões de aplicações em tempo de execução. No entanto, em vez de funcionarem em browsers, os servlets correm dentro de servidores Java Web, configurando ou adaptando o servidor. Como é que a API suporta todos estes tipos de programas? Fá-lo com pacotes de componentes de software que fornecem uma vasta gama de funcionalidades. Cada implementação completa da plataforma Java dá-lhe as seguintes funcionalidades:

- **O essencial**: Objectos, cordas, fios, números, entrada e saída, estruturas de dados, propriedades do sistema, data e hora, e assim por diante.

- **Applets**: O conjunto de convenções utilizadas pelas applets.

- **Ligação em rede**: URLs, TCP (Transmission Control Protocol), tomadas UDP (User Data Gram Protocol), e endereços IP (Internet Protocol).

- **Internacionalização**: Ajuda para escrever programas que podem ser localizados para utilizadores em todo o mundo. Os programas podem adaptar-se automaticamente a locais específicos e ser exibidos na língua apropriada.

- **Segurança**: Tanto de baixo como de alto nível, incluindo assinaturas electrónicas, gestão de chaves públicas e privadas, controlo de acesso, e certificados.

- **Componentes de software**: Conhecido como JavaBeansTM, pode ligar-se às arquitecturas de componentes existentes.

- **Serialização de objectos**: Permite persistência ligeira e comunicação através da Invocação do Método Remoto (RMI).

4.3.2 Conectividade da Base de Dados Java (JDBCTM):

Microsoft Open Database Connectivity (ODBC) é uma interface de programação padrão para programadores de aplicações e fornecedores de sistemas de bases de dados. Antes de ODBC se tornar um padrão *de facto* para programas Windows para interface com sistemas de bases de dados, os programadores tinham de usar linguagens proprietárias para cada base de dados a que se quisessem ligar. Agora, ODBC tornou a escolha do sistema de bases de dados quase irrelevante do ponto de vista da codificação, que é como deveria ser. Os programadores de aplicações têm coisas muito mais importantes com que se preocupar do que a sintaxe necessária para portar o seu programa de uma base de dados para outra, quando as necessidades do negócio mudam subitamente.

Através do Administrador ODBC no Painel de Controlo, pode especificar a base de dados específica que está associada a uma fonte de dados que um programa de aplicação ODBC é escrito para utilizar. Pense numa fonte de dados ODBC como uma porta com um nome. Cada porta conduzirá a uma determinada base de dados. Por exemplo, a fonte de dados denominada Figuras de Vendas pode ser uma base de dados SQL Server, enquanto que a fonte de dados de Contas a Pagar pode referir-se a uma base de dados Access. A base de dados física referida por uma fonte de dados pode residir em qualquer lugar na LAN. Os ficheiros do sistema ODBC não são instalados no seu sistema pelo Windows 95. Em vez disso, são instalados quando se configura uma aplicação de base de dados separada, tal como SQL Server Client ou Visual Basic 4.0. Quando o ícone ODBC é instalado no Painel de Controlo, utiliza um ficheiro chamado ODBCINST.DLL. É também possível administrar as suas fontes de dados ODBC através de um programa autónomo chamado ODBCADM.EXE. Existe uma versão de 16 e 32 bits deste programa e cada um mantém uma lista separada de fontes de dados ODBC.

Do ponto de vista da programação, a beleza de ODBC é que a aplicação pode ser escrita para utilizar o mesmo conjunto de chamadas de função para interagir com qualquer fonte de dados, independentemente do fornecedor da base de dados.

O código fonte da aplicação não muda, quer fale com Oracle ou SQL Server. Mencionamos estes dois apenas como exemplo. Existem controladores ODBC disponíveis para várias dezenas de sistemas de bases de dados populares. Mesmo folhas de cálculo Excel e ficheiros de texto simples podem ser transformados em fontes de dados. O sistema operativo utiliza a informação do Registo escrita pelo Administrador ODBC para determinar quais os controladores ODBC de baixo nível que são necessários para falar com a fonte de dados (tal como a interface com Oracle ou SQL Server). O carregamento dos controladores ODBC é transparente para o programa de aplicação ODBC. Num ambiente cliente/servidor, a API ODBC trata mesmo de muitos dos problemas de rede para o programador da aplicação.

As vantagens deste esquema são tão numerosas que provavelmente se pensa que deve haver algum senão. A única desvantagem de ODBC é que não é tão eficiente como falar directamente com a interface nativa da base de dados. A ODBC tem tido muitos detractores a fazer a carga de que é demasiado lenta. A Microsoft sempre alegou que o factor crítico no desempenho é a qualidade do software do controlador que é utilizado. Na nossa humilde opinião, isto é verdade. A disponibilidade de bons controladores ODBC melhorou muito recentemente. E de qualquer modo, as críticas sobre o desempenho são algo análogas às daqueles que disseram que os compiladores nunca corresponderiam à velocidade da linguagem de montagem pura. Talvez não, mas o compilador (ou ODBC) dá-lhe a oportunidade de escrever programas mais limpos, o que significa que termina mais cedo. Entretanto, os computadores tornam-se mais rápidos todos os anos.

4.3.3 JDBC:

Num esforço para definir uma API padrão independente de base de dados para Java; a Sun Microsystems desenvolveu o Java Database Connectivity, ou JDBC. O JDBC oferece um mecanismo genérico de acesso a base de dados SQL que fornece uma interface consistente a uma variedade de RDBMSs. Esta interface consistente é conseguida através da utilização de módulos "plug-in" de conectividade a bases de dados, ou *drivers*. Se um fornecedor de bases de dados desejar ter suporte JDBC, deve fornecer o controlador para cada plataforma em que a base de dados e o Java funcionam.

Para obter uma aceitação mais ampla da JDBC, a estrutura da JDBC baseada em ODBC da Sun. Como descobriu anteriormente neste capítulo, a ODBC tem um apoio generalizado numa variedade de plataformas. Basear a JDBC em ODBC permitirá aos vendedores trazer os controladores JDBC para o mercado muito mais rapidamente do que desenvolver uma solução de conectividade completamente nova.

A JDBC foi anunciada em Março de 1996. Foi lançada para uma revisão pública de 90 dias que terminou a 8 de Junho de 1996. Devido à contribuição dos utilizadores, a especificação final JDBC v1.0 foi divulgada pouco depois.

O resto desta secção cobrirá informação suficiente sobre o JDBC para que possa saber do que se trata e como utilizá-lo eficazmente. Isto não é, de forma alguma, uma visão completa da JDBC. Isso iria preencher um livro inteiro.

4..3.4 OBJECTIVOS JDBC

Poucos pacotes de software são concebidos sem objectivos em mente. O JDBC é um dos que, devido aos seus muitos objectivos, impulsionou o desenvolvimento do API. Estes objectivos, em conjunto com o feedback dos primeiros revisores, finalizaram a biblioteca de classes JDBC numa estrutura sólida para a construção de aplicações de base de dados em Java.

Os objectivos que foram estabelecidos para a JDBC são importantes. Eles dar-lhe-ão uma ideia do porquê de certas classes e funcionalidades se comportarem da forma como se comportam. Os oito objectivos de concepção para a JDBC são os seguintes:

4.3.4.1 API de nívelSQL

Os designers sentiram que o seu principal objectivo era definir uma interface SQL para Java. Embora não seja o nível de interface de base de dados mais baixo possível, está a um nível suficientemente baixo para que ferramentas e APIs de nível superior possam ser criadas. Pelo contrário, está a um nível suficientemente elevado para que os programadores de aplicações o utilizem com confiança. Atingir este objectivo permite aos futuros fornecedores de ferramentas "gerar" código JDBC e esconder muitas das complexidades do JDBC do utilizador final.

4.3.4.2 Conformidade com oSQL

A sintaxe SQL varia à medida que se passa de fornecedor de base de dados para fornecedor de base de dados. Num esforço para apoiar uma grande variedade de fornecedores, o JDBC permitirá que qualquer declaração de consulta seja passada através dele para o controlador da base de dados subjacente. Isto permite ao módulo de conectividade lidar com funcionalidades não padronizadas de uma forma adequada aos seus utilizadores.

4.3.4 ARQUITECTURA J2ME:-

A Sun Microsystems define o J2ME como "um ambiente de tempo de execução Java altamente optimizado visando uma vasta gama de produtos de consumo, incluindo pagers, telemóveis, telefones com ecrã, set-top boxes digitais e sistemas de navegação automóvel". Anunciado em Junho de 1999 na JavaOne Developer Conference, o J2ME traz a funcionalidade multi-plataforma da linguagem Java para dispositivos mais pequenos, permitindo aos dispositivos móveis sem fios partilhar aplicações. Com o J2ME, a Sun adaptou a plataforma Java para produtos de consumo que incorporam ou são baseados em pequenos dispositivos informáticos.

1. Arquitectura geral J2ME

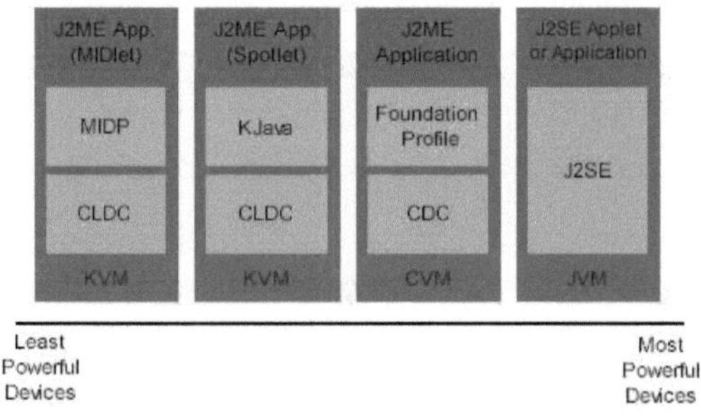

J2ME utiliza configurações e perfis para personalizar o Java Runtime Environment (JRE). Como um JRE completo, J2ME é composto por uma configuração, que determina o JVM utilizado, e um perfil, que define a aplicação através da adição de classes específicas de domínio. A configuração define o ambiente de tempo de execução básico como um conjunto de classes centrais e um JVM específico que corre em tipos específicos de dispositivos. Discutiremos as configurações em detalhe no perfil define a aplicação; especificamente, adiciona classes específicas de domínio à configuração J2ME para definir determinadas utilizações para dispositivos. Cobriremos perfis em profundidade no O gráfico seguinte descreve a relação entre as diferentes máquinas virtuais, configurações, e perfis.

Também se assemelha à API J2SE e à sua máquina virtual Java. Enquanto a máquina virtual J2SE é geralmente referida como uma JVM, as máquinas virtuais J2ME, KVM e CVM, são subconjuntos .

2.Desenvolver aplicações J2ME

Introdução Nesta secção, vamos rever algumas considerações que deve ter em mente ao desenvolver aplicações para dispositivos de menor dimensão. Analisaremos a forma como o compilador é invocado quando se utiliza o J2SE para compilar aplicações J2ME. Finalmente, exploraremos a embalagem e a implantação e o papel que a previsão desempenha neste processo.

PERFILES J2ME:

O que é um perfil J2ME?

Como mencionámos anteriormente neste tutorial, um perfil define o tipo de dispositivo suportado. O Perfil do Dispositivo de Informação Móvel (MIDP), por exemplo, define classes para telefones celulares. Acrescenta classes específicas de domínio à configuração J2ME para definir utilizações para dispositivos semelhantes. Dois perfis foram definidos para J2ME e são construídos sobre CLDC: KJava e MIDP. Ambos KJava e MIDP estão associados ao CLDC e a dispositivos mais pequenos. Os perfis são construídos em cima das configurações. Como os perfis são específicos ao tamanho do dispositivo (quantidade de memória) em que uma aplicação é executada, certos perfis estão associados a certas configurações. Um perfil de esqueleto sobre o qual pode criar o seu próprio perfil, o Foundation Profile, está disponível para o CDC.

Perfil 1: KJava

KJava é o perfil proprietário da Sun e contém o KJava API. O perfil KJava é construído em cima da configuração CLDC. A máquina virtual KJava, KVM, aceita os mesmos códigos de bytes e formato de ficheiro de classe que a máquina virtual clássica J2SE. KJava contém uma API específica do Sol que corre no SO Palm. A KJava API tem muito em comum com o J2SE Abstract Windowing Toolkit (AWT). No entanto, como não é um pacote J2ME standard, o seu pacote principal é com.sun.kjava. Aprenderemos mais sobre o KJava API mais tarde neste tutorial, quando desenvolvermos algumas aplicações de amostra.

5.CONCEPÇÃO DE SISTEMAS&ARQUITECTURA

Architecture Diagram

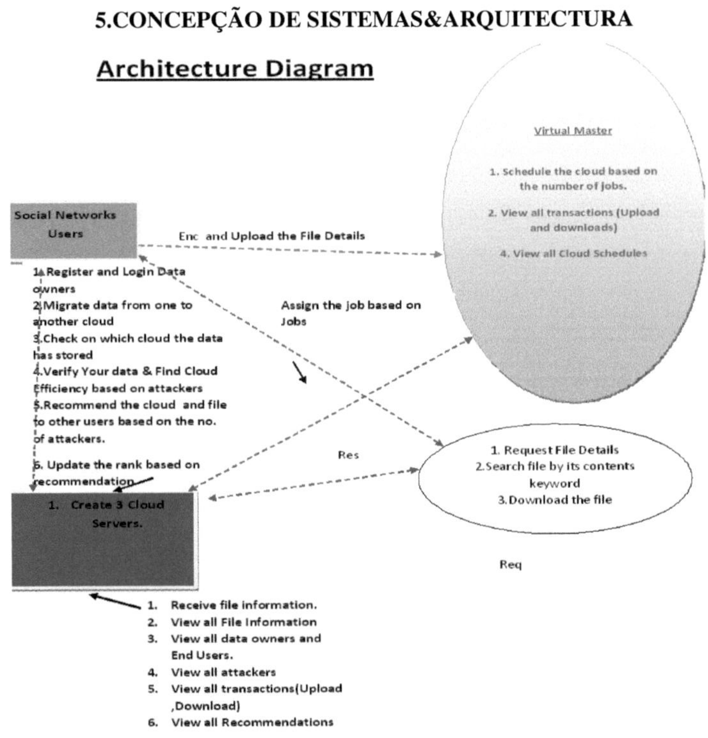

5.1 DIAGRAMAS UML

5.1.1 DIAGRAMA DE CLASSES

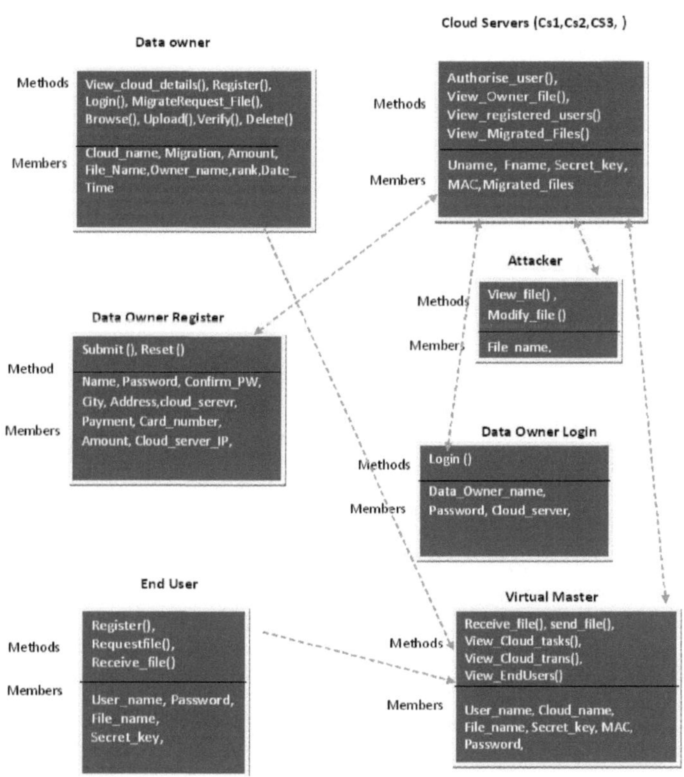

5.1.2 DIAGRAMA DE SEQUÊNCIA:

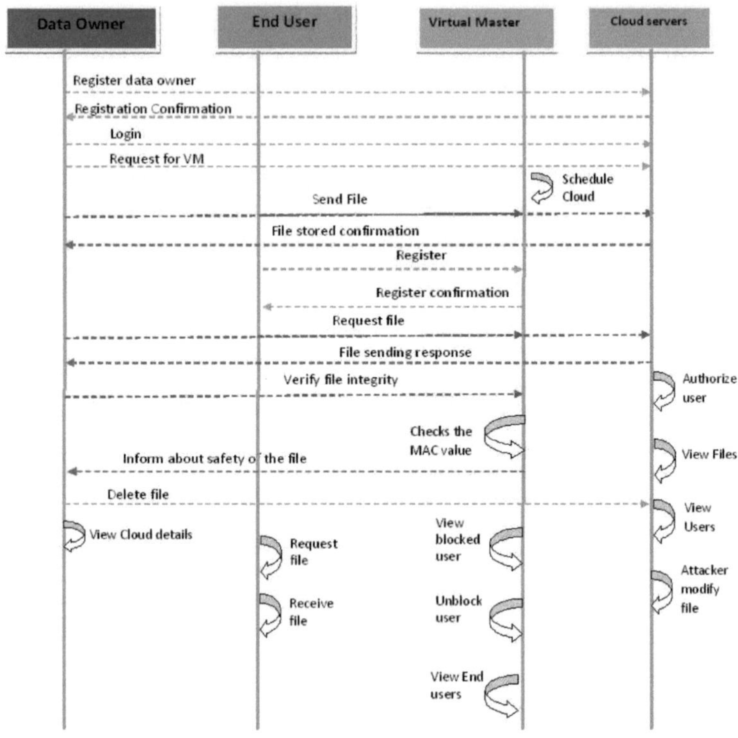

5.1.3 DIAGRAMA DE USECASE

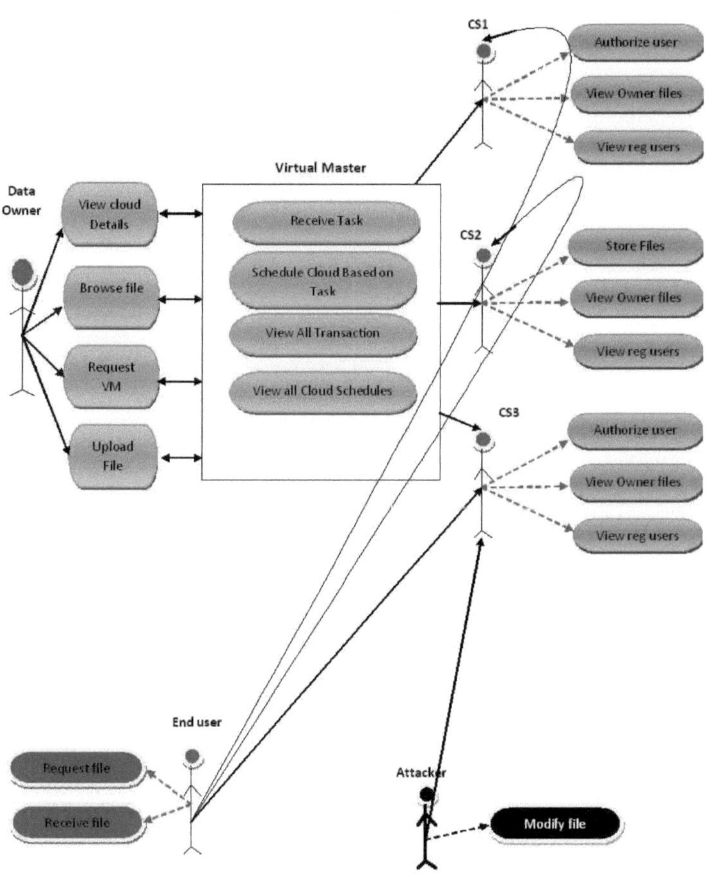

5.1.4 DIAGRAMA DE FLUXO DE DADOS

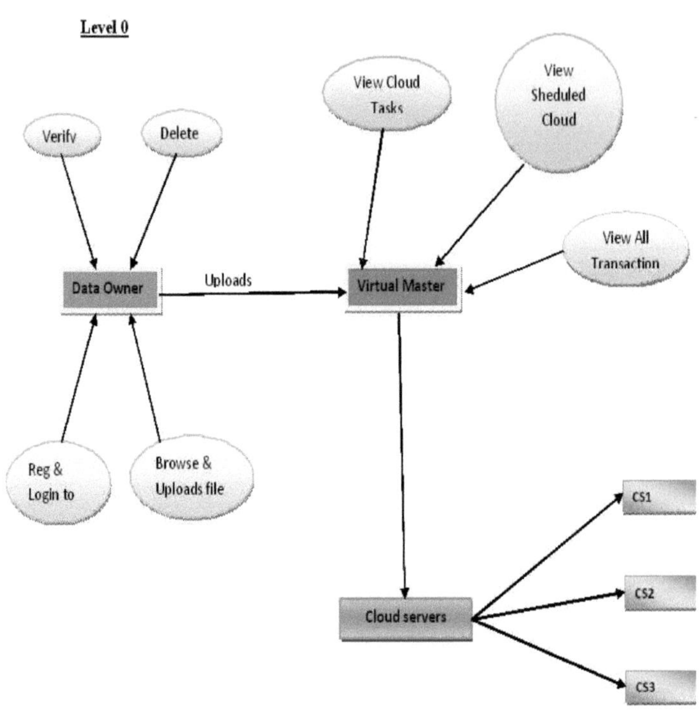

5.2 GRÁFICO FLUENTE

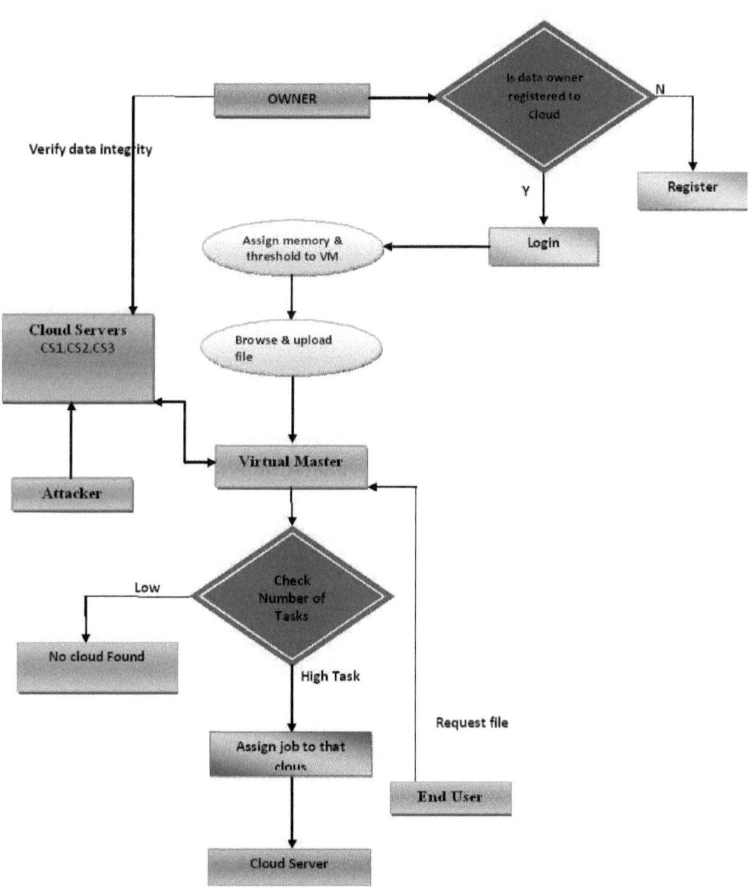

5.3 TABELAS DE BASES DE DADOS

MESA VIRTUALMASTER

Campo	Tipo	Nulo	Chave	Por defeito	Extra
Nome de utilizador	Varchar(50)	SIM		NULL	
Senha	VARCHAR(50)	SIM		NULL	

TABELA DO PROPRIETÁRIO DOS DADOS

Campo	Tipo	Nulo	Chave	Por defeito	Extra
Id	Int(11)	NÃO	PRI	NULL	Auto_incremento
Nome de utilizador	Varchar(45)	SIM		NULL	
Senha	Varchar(45)	SIM		NULL	
Email	Varchar(45)	SIM		NULL	
Móvel	Varchar(45)	SIM		NULL	
Endereço	Varchar(45)	SIM		NULL	
Dob	Varchar(45)	SIM		NULL	
Género	Varchar(45)	SIM		NULL	
Pincode	Varchar(45)	SIM		NULL	
Imagem	Varchar(45)	SIM		NULL	
Nuvem	Varchar(45)	SIM		NULL	
	Varchar(45)			NULL	
	Varchar(45)			NULL	
	Longblob			NULL	
	Varchar(45)			NULL	

TABELA DE RECOMENDAÇÕES DE NUVENS

Campo	Tipo	Nulo	Chave	Por defeito	Extra
Nuvem	Texto	SIM		NULL	
Ataques	Texto	SIM		NULL	
Ceficiência	Texto	SIM		NULL	
Detalhes	Texto	SIM		NULL	
Recommenrom	Varch)	SIM		NULL	
Recomendar a	Varchar(45)	SIM		NULL	
Data	Texto	SIM		NULL	

TABELA DE MIGRAÇÃO DE FICHEIROS

Campo	Tipo	Nulo	Chave	Por defeito	Extra
Id	Int(11)	SIM		NULL	
Fromcloud	Texto	SIM		NULL	
Tocloud	Texto	SIM		NULL	
Proprietário	Texto	SIM		NULL	
Fnome	Texto	SIM		NULL	
Ct	Texto	SIM		NULL	
Mac	Texto	SIM		NULL	
Posição	Texto	SIM		NULL	
Dt	Texto	SIM		NULL	
Sk	Texto	SIM		NULL	

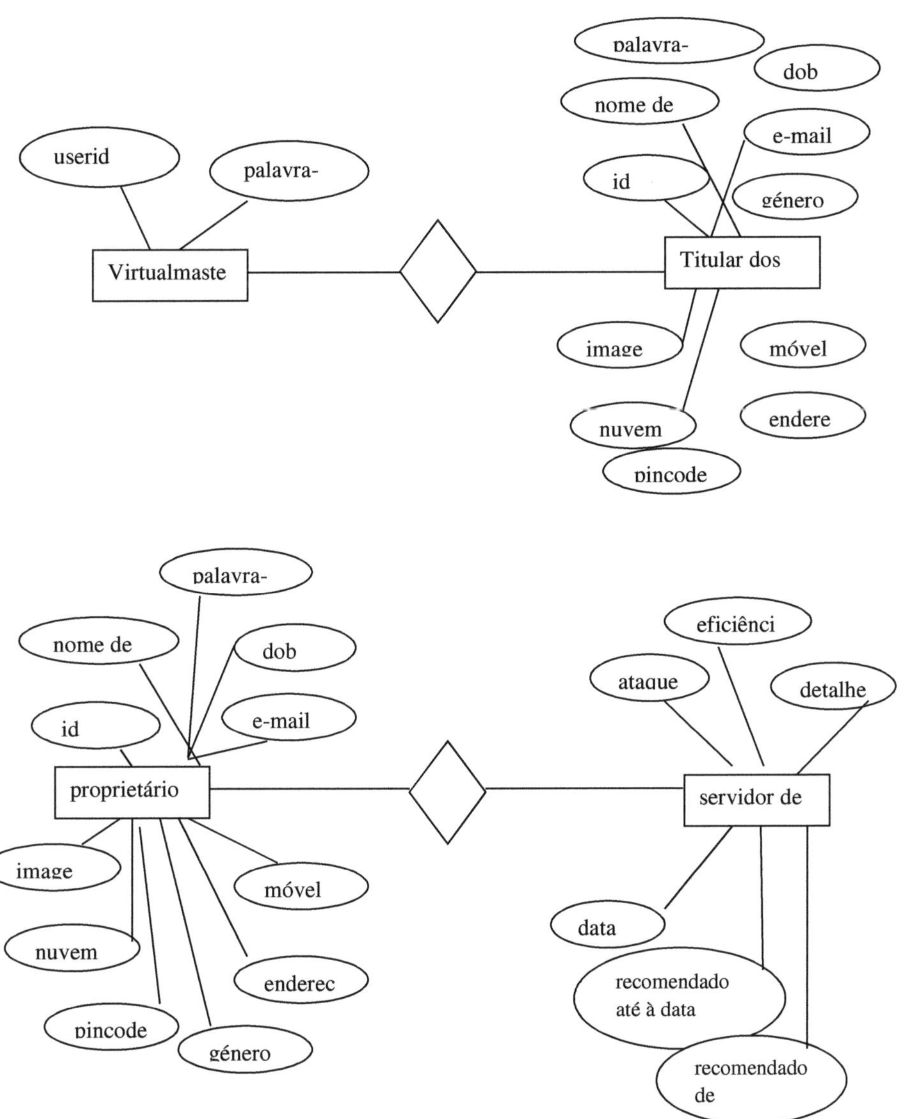
userid
palavra-
Virtualmaste
palavra-
nome de
dob
e-mail
id
género
Titular dos
image
móvel
nuvem
endere
pincode
palavra-
nome de
dob
id
e-mail
proprietário
image
móvel
nuvem
enderec
pincode
género
eficiênci
ataque
detalhe
servidor de
data
recomendado
até à data
recomendado
de

6. TESTE DO SISTEMA

O objectivo dos testes é descobrir erros. Testar é o processo de tentar descobrir todas as falhas ou fraquezas concebíveis de um produto de trabalho. Fornece uma forma de verificar a funcionalidade de componentes, subconjuntos, conjuntos e/ou um produto acabado. É o processo de exercício de software com a intenção de assegurar que o sistemaSoftware satisfaz os seus requisitos e expectativas do utilizador e não falha de uma forma inaceitável. Existem vários tipos de teste. Cada tipo de teste responde a um requisito de teste específico.

6.1 TIPOS DE TESTES

6.1.1 TESTES UNITÁRIOS:

Os testes unitários envolvem a concepção de casos de teste que validam que a lógica interna do programa está a funcionar correctamente, e que as entradas do programa produzem saídas válidas. Todos os ramos de decisão e fluxo de código interno devem ser validados. É o teste de unidades individuais de software da aplicação. É feito após a conclusão de uma unidade individual antes da integração. Trata-se de um teste estrutural, que se baseia no conhecimento da sua construção e é invasivo. Os testes unitários realizam testes básicos a nível de componentes e testam um processo empresarial específico, aplicação, e/ou configuração do sistema. Os testes unitários asseguram que cada caminho único de um processo empresarial tem um desempenho preciso em relação às especificações documentadas e contém entradas claramente definidas e resultados esperados.

6.1.2 TESTES DE INTEGRAÇÃO:

Os testes de integração são concebidos para testar componentes de software integrados para determinar se estes funcionam realmente como um único programa. Os testes são conduzidos por eventos e estão mais preocupados com o resultado básico dos ecrãs ou campos. Os testes de integração demonstram que, embora os componentes tenham sido individualmente satisfatórios, como demonstrado por testes unitários bem sucedidos, a combinação de componentes é correcta e consistente. Os testes de integração destinam-se especificamente a   expor os problemas que surgem da combinação de componentes.

6.1.3 TESTES FUNCIONAIS:

Os testes funcionais fornecem demonstrações sistemáticas de que as funções testadas estão disponíveis conforme especificado pelos requisitos comerciais e técnicos, documentação do sistema, e manuais do utilizador.

Os testes funcionais estão centrados nos seguintes itens:

Entrada válida: devem ser aceites as classes identificadas de entrada válida.

Entrada Inválida : as classes identificadas de entrada inválida devem ser rejeitadas.

Funções : as funções identificadas devem ser exercidas.

Resultados : devem ser exercidas classes identificadas de resultados de aplicação.

Sistemas/Procedimentos: os sistemas ou procedimentos de interface devem ser invocados.

A organização e preparação de testes funcionais está centrada nos requisitos, funções-chave, ou casos de testes especiais. Além disso, a cobertura sistemática relativa à identificação de fluxos de processos empresariais; campos de dados, processos predefinidos, e processos sucessivos devem ser considerados para testes. Antes da conclusão dos testes funcionais, são identificados testes adicionais e é determinado o valor efectivo dos testes actuais.

6.1.4 TESTE DO SISTEMA:

Os testes do sistema asseguram que todo o sistema de software integrado cumpre os requisitos. Testa uma configuração para assegurar resultados conhecidos e previsíveis. Um exemplo de teste do sistema é o teste de integração do sistema orientado para a configuração. O teste do sistema baseia-se em descrições e fluxos de processo, enfatizando ligações de processo e pontos de integração pré-determinados.

6.1.5 TESTE DA CAIXA BRANCA:

White Box Testing é um teste em que o testador de software tem conhecimento do funcionamento interno, estrutura e linguagem do software, ou pelo menos da sua finalidade. É o seu objectivo. É utilizado para testar áreas que não podem ser alcançadas a partir de um nível de caixa negra.

6.1.6 TESTE DA CAIXA NEGRA:

Black Box Testing é testar o software sem qualquer conhecimento do funcionamento interno, estrutura ou linguagem do módulo que está a ser testado. Os testes da caixa negra, como a maioria dos outros tipos de testes, devem ser escritos a partir de um documento de origem definitivo, como documento de especificação ou de requisitos, como documento de especificação ou de requisitos. É um teste em que o software em teste é tratado, como uma caixa negra .não se pode "ver" dentro dele. O teste fornece entradas e responde às saídas sem considerar como o software funciona.

6.2 TESTCASES:

Sno	Nome do teste	Entrada	Fora de casa	Resultado esperado	Estado
1	vmaster Login	nome de vmaster e senha	vmaster Home	vmasterHomepage	Passe
2	Registo DataOwner	Titular dos dados registados	Casa do proprietário dos dados	Página inicial do proprietário dos dados	passe
3	Carregamento de dados	Chave pesquisável,Registada	Carregar a informação	Encriptar os dados	falhar
4	Partilha de ficheiros	Utilizador registado para partilhar O ficheiro	Partilha de ficheiros	Ficheiro partilhado com o utilizador	Passe
5	Login no servidor de nuvens	Credenciais de nuvens registadas	Nuvem Casa	Página inicial da nuvem	Passe
6	Ver os ficheiros a migrar	Chave pesquisável Chave privada	Ficheiros não encontrados	Listar os ficheiros prontos a migrar	falhar

7:CÓDIGO AMOSTRADOR

```
<!DOCTYPE html PUBLIC "-//W3C//DTD XHTML 1.0 Transitional///EN"
"http://www.w3.org/TR/xhtml1/DTD/xhtml1-transitional.dtd">

<html xmlns="http://www.w3.org/1999/xhtml">

<head>

<título>Página inicial</título>

<meta http-equiv="content type" content="text/html; charset=utf-8" />

<link href="layout.css" rel="stylesheet" type="text/css" media="screen" />

<estilo tipo="texto/css">

<!--

.style4 {color: #FFFFFFFF; }

.style5 {

cor: #FF0000;

font-weight: arrojado;

estilo font-style: itálico;

}

-->

</estilo>

</head>

<corpo>

<div id="header">

<div id="logo">

<p> </p>

<p> </p>

<p> </p>

<p> </p>

<p> </p>
```

```
<p> </p>
<h2 align="center" class="style4">SAE: Toward </h2>
<h2 align="center" class="style4">Eficiente Nuvem de Dados </h2>
<h2 align="center" class="style4">Serviço de análise para</h2>
<h2 align="center" class="style4">Redes Sociais de Grande Escala</h2>
</div>
</div>
<div id="navegação">
<ul>
<li class="active"><a href="index.html" class="first">Home</a></li>
<li>a href="vertualMasterLogin.jsp">VirtualMaster</a></li>
<li>a href="dataOwnerLogin.jsp">DataOwner</a></li>
<li>a href="cloudServerLogin.jsp">CloudServer</a></li>
<li><a href="aboutProject.html">AboutProject</a></li>
</ul>
</div>
<div id="content">
<div id="page">
<div id="column1">
<div class="box1">
<h2>Wel<img src="images/image06.jpg" alt="" width="120" height="120" class="image-left" />Venha para a Página Principal </h2>
<p align="justifique" class="style5"><strong>
```

A análise das redes sociais é utilizada para extrair características das comunidades humanas e revela-se muito instrumental numa variedade de domínios científicos. O conjunto de dados de uma rede social é muitas vezes tão grande que um serviço de análise de dados em nuvem, no qual o cálculo é efectuado numa plataforma paralela no poderia, torna-se uma boa escolha para investigadores sem experiência em programação paralela. Na nuvem, um desafio principal para uma análise de dados eficiente é o desvio de computação e comunicação (ou seja, desequilíbrio de carga) entre computadores causado pelo comportamento de grupo da humanidade (por exemplo, efeito "bandwagon"). As técnicas tradicionais de equilíbrio de carga ou requerem um esforço significativo para reequilibrar as cargas nos nós, ou não conseguem lidar bem com os stragglers. Neste documento, propomos uma abordagem geral de execução consciente do straggler, SAE, para apoiar o serviço de análise na nuvem. Oferece um novo método de decomposição computacional, que os factores de estragamento caracterizam processos de extracção em sub-processos de granulação mais fina, que são depois distribuídos por clusters de computadores para execução paralela. Os resultados experimentais mostram que o SAE pode acelerar a análise até 1,77 vezes em comparação com as soluções de última geração

```
.</p>

</div>

</div>

<div id="column2">

<h2>Menu</h2>

<ul>

<li>a href="index.html">Home</a>></li>

<li>a href="vertualMasterLogin.jsp">VertualMaster</a></li>

<li>a href="dataOwnerLogin.jsp">DataOwner</a></li>

<li>a href="cloudServerLogin.jsp">CloudServer</a></li>

<li><a href="aboutProject.html">AboutProject</a></li>

<li>a href="attack1.jsp">Arquivos de Ataque</a></li>

</ul>

</div>

</div>

<div style="clear: both;"> </div>

</div>

<div id="footer">

</div>
```

</ corpo>

</html>

<!DOCTYPE html PUBLIC "-//W3C//DTD XHTML 1.0 Transitional///EN"
"http://www.w3.org/TR/xhtml1/DTD/xhtml11-transitional.dtd">

<html xmlns="http://www.w3.org/1999/xhtml">

<head>

<título>Dados Página de Login do Proprietário</título>

<meta http-equiv="content type" content="text/html; charset=utf-8" />

<link href="layout.css" rel="stylesheet" type="text/css" media="screen" />

<estilo tipo="texto/css">

<!--

.style4 {color: #FFFFFFFF; }

.style15 {

cor: #333333;

Tamanho de letra: 20px;

}

.style17 {color: #525250; tamanho de letra: 15px;}

.style18 {tamanho da fonte: 15px}

-->

</estilo>

</head>

<corpo>

<div id="header">

<div id="logo">

<p> </p>

<p> </p>

<p> </p>

<p> </p>

```html
<p> </p>

<p> </p>

<h2 align="center" class="style4">SAE: Toward </h2>

<h2 align="center" class="style4">Eficiente Nuvem de Dados </h2>

<h2 align="center" class="style4">Serviço de análise para</h2>

<h2 align="center" class="style4">Redes Sociais de Grande Escala</h2>

</div>

</div>

<div id="navegação">

<ul>

<li>a href="index.html">Home</a>></li>

<li>a href="vertualMasterLogin.jsp">VirtualMaster</a></li>

<li class="active"><a href="dataOwnerLogin.jsp" class="first">DataOwner</a></li>

<li>a href="cloudServerLogin.jsp">CloudServer</a></li>

<li><a href="aboutProject.html">AboutProject</a></li>

</ul>

</div>

<div id="content">

<div id="page">

<div id="column1">

<div class="box1"><h2>Dados Página de Login do Proprietário </h2>

<p>

<form action="authentication.jsp?type=<%="owner"%>" method="post" id="leavereply">

<largura da mesa="64%" altura="132" borda="0" align="center">

<tr>

< largura="54%" altura="35"><div align="left" class="style15 style18">

<div align="center">Nome do proprietário</div>

</div></td>
```

```html
< largura="46%" altura="35">

<div align="center">

<input type="text" name="userid" size="15">

</div></td>

</tr>

<tr>

< largura="54%" altura="38"><div align="left" class="style17">

<div align="center">Password</div>

</div></td>

< largura="46%" altura="38">

<div align="center">

<input type="password" name="pass" size="15">

</div></td>

</tr>

<tr><<alt="44" colspan="2"><p align="center"><input type="submit" value="Login"
name="B1">   <input type="reset" value="Reset" name="B2"></td>

</tr>

</tabela>

</form>

</p>

<p align="right">New <a href="dataOwnerRegister.jsp">Register</a></p>

</div>

</div>

<div id="column2">

<h2>Menu</h2>

<ul>

<li>a href="index.html">Home</a>></li>

<li>a href="vertualMasterLogin.jsp">VertualMaster</a></li>
```

```html
<li>a href="dataOwnerLogin.jsp">DataOwner</a></li>

<li>a href="cloudServerLogin.jsp">CloudServer</a></li>

<li><a href="aboutProject.html">AboutProject</a></li>

</ul>

</div>

</div>

<div style="clear: both;"> </div>

</div>

<div id="footer">

</div>

</ corpo>

</html>

<!DOCTYPE html PUBLIC "-//W3C//DTD XHTML 1.0 Transitional///EN"
"http://www.w3.org/TR/xhtml1/DTD/xhtml1-transitional.dtd">

<html xmlns="http://www.w3.org/1999/xhtml">

<head>

<título>Página de Login Principal Vertual</título>

<meta http-equiv="content type" content="text/html; charset=utf-8" />

<link href="layout.css" rel="stylesheet" type="text/css" media="screen" />

<estilo tipo="texto/css">

<!--

.style4 {color: #FFFFFFFF; }

.style15 {

   cor: #333333;

   Tamanho de letra: 20px;

}

.style17 {color: #525250; tamanho de letra: 15px;}

.style18 {tamanho da fonte: 15px}
```

```
-->
</estilo>
</head>
<corpo>
<div id="header">
<div id="logo">
<p> </p>
<p> </p>
<p> </p>
<p> </p>
<p> </p>
<p> </p>
<h2 align="center" class="style4">SAE: Toward </h2>
<h2 align="center" class="style4">Eficiente Nuvem de Dados </h2>
<h2 align="center" class="style4">Serviço de análise para</h2>
<h2 align="center" class="style4">Redes Sociais de Grande Escala</h2>
</div>
</div>
<div id="navegação">
<ul>
<li>a href="index.html">Home</a>></li>
<li class="active"><a href="vertualMasterLogin.jsp">VirtualMaster</a><a
href="vertualMasterLogin.jsp" class="first"></a><</li>
<li>a href="dataOwnerLogin.jsp">DataOwner</a></li>
<li>a href="cloudServerLogin.jsp">CloudServer</a></li>
<li><a href="aboutProject.html">AboutProject</a></li>
</ul>
</div>
```

<div id="content">

<div id="page">

<div id="column1">

<div class="box1">

<h2>Vertual Página Principal de Login </h2><p>

<form action="authentication.jsp?type=<%="master"%>" method="post" id="leavereply">

<largura da mesa="64%" altura="132" borda="0" align="center">

<tr>

< largura="54%" altura="35"><div align="left" class="style15 style18">

<div align="center">V Nome do Mestre</div>

</div></td>

< largura="46%" altura="35">

<div align="center">

<input type="text" name="userid" size="15">

</div></td>

</tr>

<tr>

< largura="54%" altura="38"><div align="left" class="style17">

<div align="center">Password</div>

</div></td>

< largura="46%" altura="38">

<div align="center">

<input type="password" name="pass" size="15">

</div></td>

</tr>

<tr>

<altura="44" colspan="2"><p align="center"><input type="submit" value="Login"
name="B1">   <input type="reset" value="Reset" name="B2"></td>

</tr>

</tabela>

</form>

</p>

</div>

</div>

<div id="column2">

<h2>Menu</h2>

<ul>

<li>a href="index.html">Home</a>></li>

<li>a href="vertualMasterLogin.jsp">VertualMaster</a></li>

<li>a href="dataOwnerLogin.jsp">DataOwner</a></li>

<li>a href="cloudServerLogin.jsp">CloudServer</a></li>

<li><a href="aboutProject.html">AboutProject</a></li>

</ul>

</div>

</div>

<div style="clear: both;"> </div>

</div>

<div id="footer">

</div>

</ corpo>

</html>

<!DOCTYPE html PUBLIC "-//W3C//DTD XHTML 1.0 Transitional///EN" "http://www.w3.org/TR/xhtml1/DTD/xhtml1-transitional.dtd">

<html xmlns="http://www.w3.org/1999/xhtml">

<head>

<título>Página de Login do Servidor de Nuvem</título>

```
<meta http-equiv="content type" content="text/html; charset=utf-8" />
<link href="layout.css" rel="stylesheet" type="text/css" media="screen" />
<estilo tipo="texto/css">
<!--
.style4 {color: #FFFFFFFF; }
.style15 {
cor: #333333;
Tamanho de letra: 20px;
}
.style17 {color: #525250; tamanho de letra: 15px;}
.style18 {tamanho da fonte: 15px}
-->
</estilo>
</head>
<corpo>
<div id="header">
<div id="logo">
<p> </p>
<p> </p>
<p> </p>
<p> </p>
<p> </p>
<p> </p>
<h2 align="center" class="style4">SAE: Toward </h2>
<h2 align="center" class="style4">Eficiente Nuvem de Dados </h2>
<h2 align="center" class="style4">Serviço de análise para</h2>
<h2 align="center" class="style4">Redes Sociais de Grande Escala</h2>
</div>
```

```html
</div>
<div id="navegação">
<ul>
<li>a href="index.html">Home</a>></li>
<li>a href="vertualMasterLogin.jsp">VirtualMaster</a></li>
<li>a href="dataOwnerLogin.jsp">DataOwner</a></li>
<li class="active"><a href="cloudServerLogin.jsp" class="first">CloudServer</a>>>/li>
<li><a href="aboutProject.html">AboutProject</a></li>
</ul>
</div>
<div id="content">
<div id="page">
<div id="column1">
<div class="box1">
<h2>Página de início de sessão do Servidor em nuvem </h2>
<%
String a="A";
  %>
<p>
<form method="post" id="leavereply" action="authentication.jsp?type=<%="server"%>" >
<largura da mesa="64%" altura="132" borda="0" align="center">
<tr>
< largura="54%" altura="35"><div align="left" class="style15 style18">
<div align="center">Nome do servidor</div>
</div></td>
< largura="46%" altura="35">
<div align="center">
<input type="text" name="userid" size="15">
```

</div></td>

</tr>

<tr>

< largura="54%" altura="38"><div align="left" class="style17">

<div align="center">Password</div>

</div></td>

< largura="46%" altura="38">

<div align="center">

<input type="password" name="pass" size="15">

</div></td>

</tr>

<tr>

<altura="44" colspan="2"><p align="center"><input type="submit" value="Login"
name="B1">   <input type="reset" value="Reset" name="B2"></td>

</tr>

</tabela>

</form>

</p>

</div>

</div>

<div id="column2">

<h2>Menu</h2>

<ul>

<li>a href="index.html">Home</a>></li>

<li>a href="vertualMasterLogin.jsp">VirtualMaster</a></li>

<li>a href="dataOwnerLogin.jsp">DataOwner</a></li>

<li>a href="cloudServerLogin.jsp">CloudServer</a></li>

<li><a href="aboutProject.html">AboutProject</a></li>

```html
</ul>

</div>

</div>

<div style="clear: both;"> </div>

</div>

<div id="footer">

</div>

</ corpo>

</html>
```

8: IMAGENS DO ECRÃ

HOMEPAGE

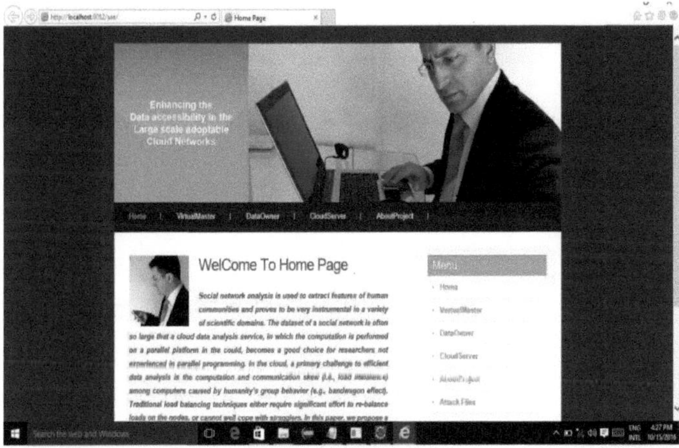

SCREEN 1

PÁGINA DE LOGIN

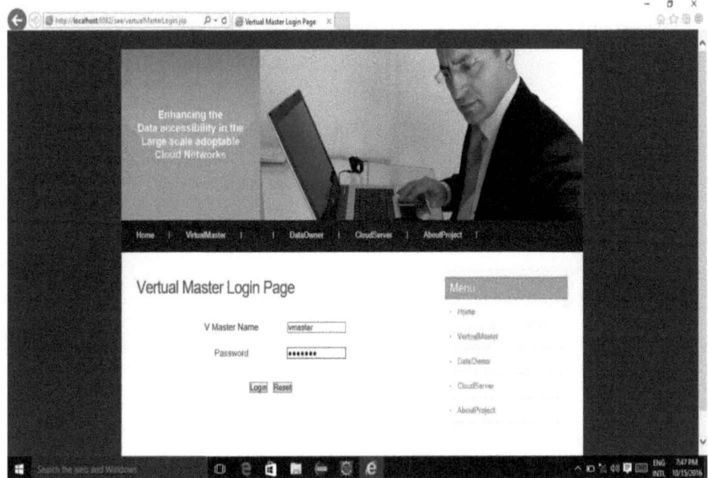

SCREEN 2

CASA DO MESTRE VIRUAL

SCREEN 3

ACÇÃO VMASTER1

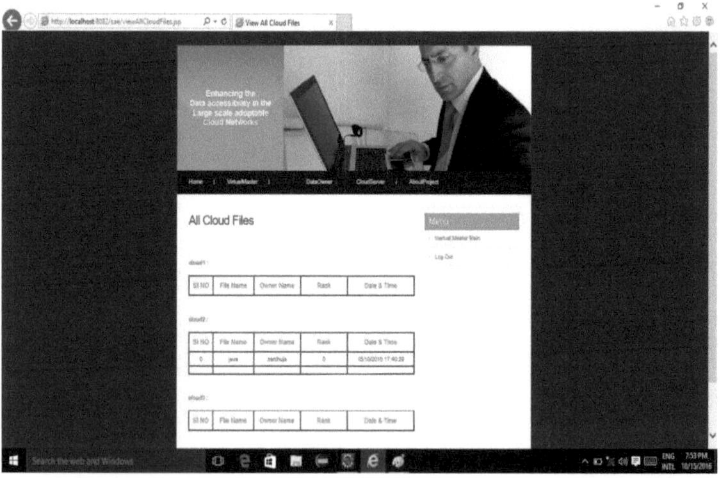

SCREEN 4

REGISTO DO PROPRIETÁRIO DOS DADOS

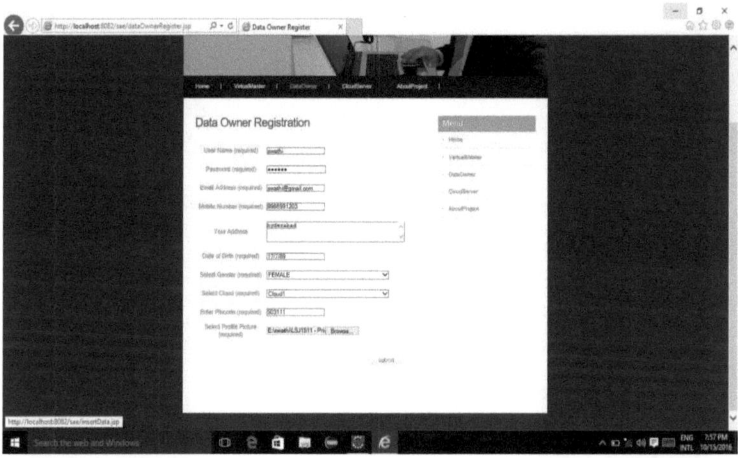

SCREEN 5

LOGIN DO PROPRIETÁRIO DOS DADOS

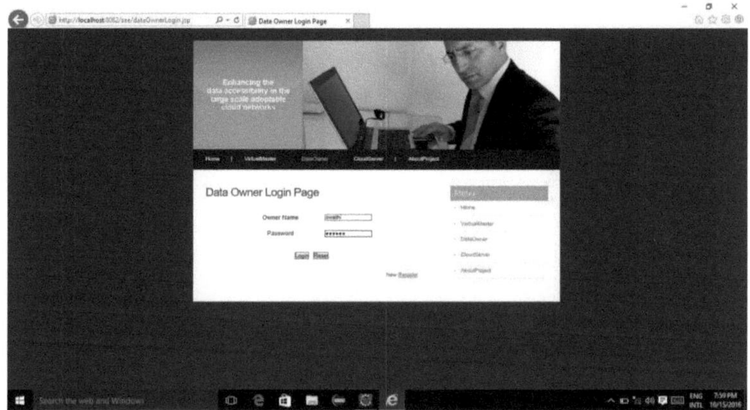

SCREEN 6

ACÇÃO DO PROPRIETÁRIO DOS DADOS

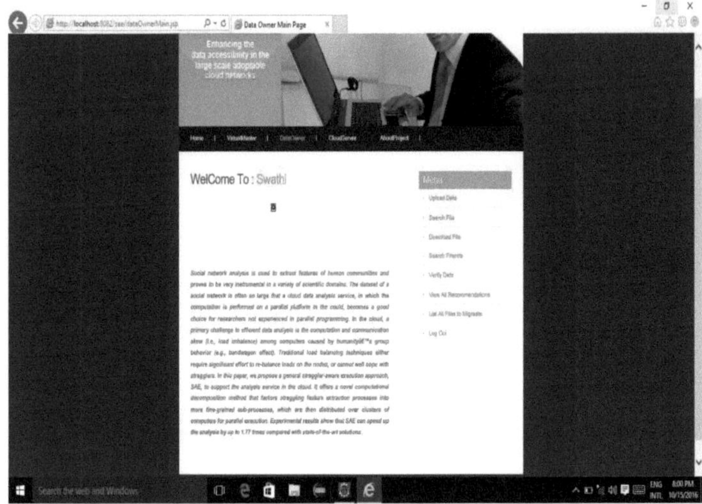

SCREEN 7

ACÇÃO DO PROPRIETÁRIO DOS DADOS1

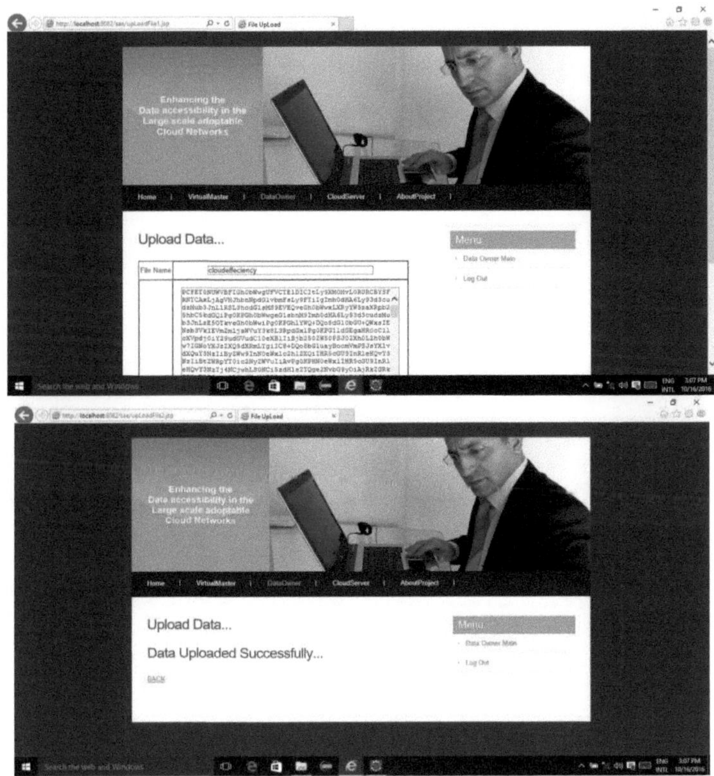

SCREEN 8

ACÇÃO DO PROPRIETÁRIO DOS DADOS2

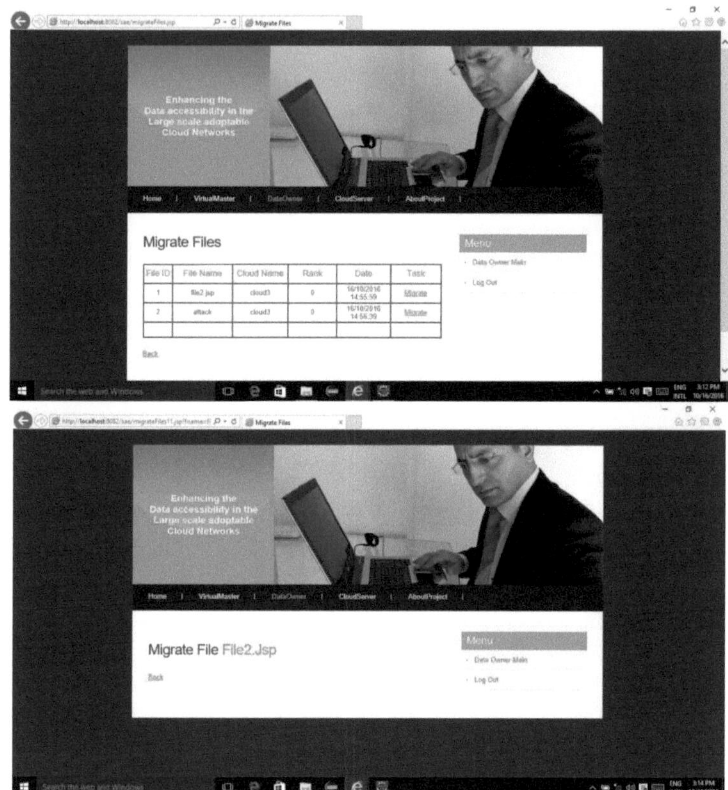

SCREEN 9

LOGIN NO SERVIDOR DA NUVEM

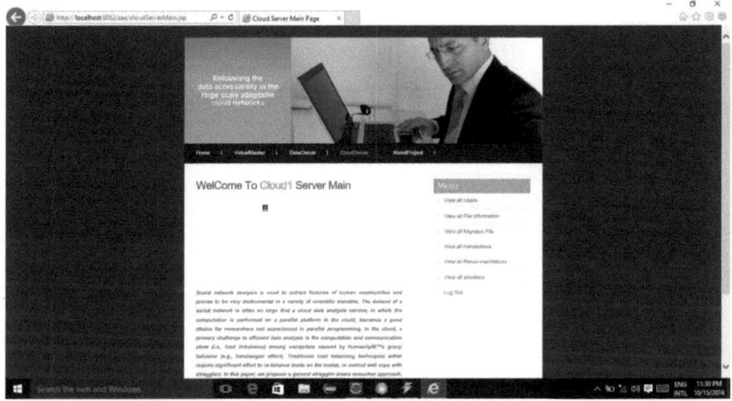

SCREEN 10

ACÇÃO DE CLOUD SERVER

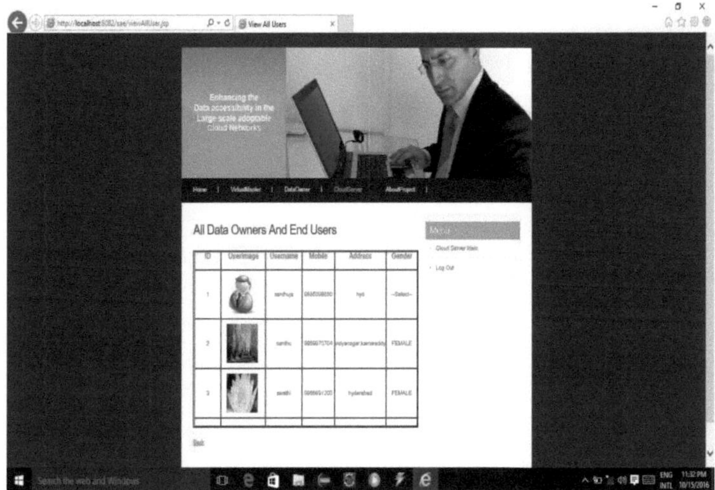

SCREEN 11

PÁGINA INICIAL DO PROPRIETÁRIO DOS DADOS

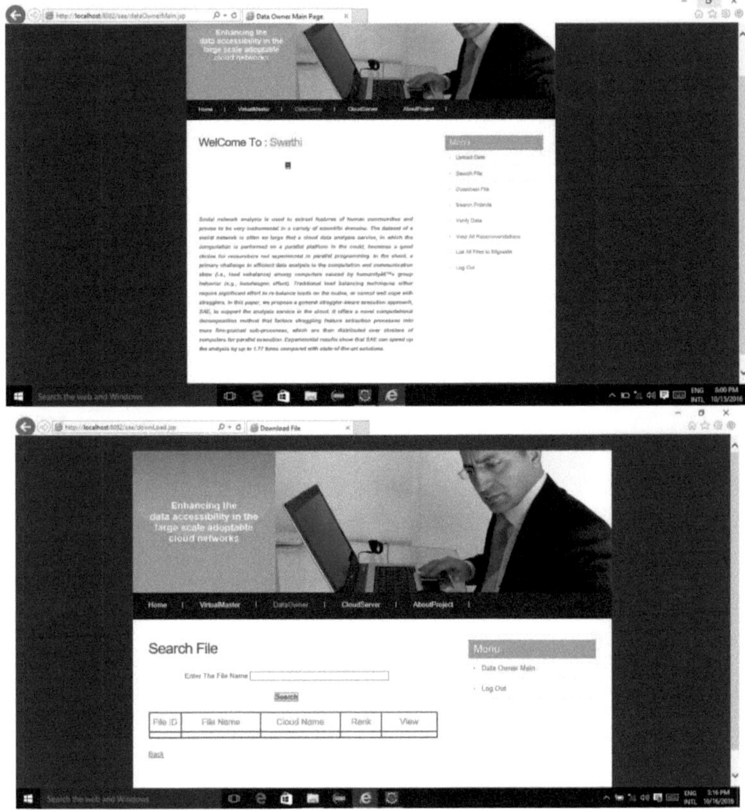

SCREEN 12

ACÇÃO 3 DO PROPRIETÁRIO DOS DADOS

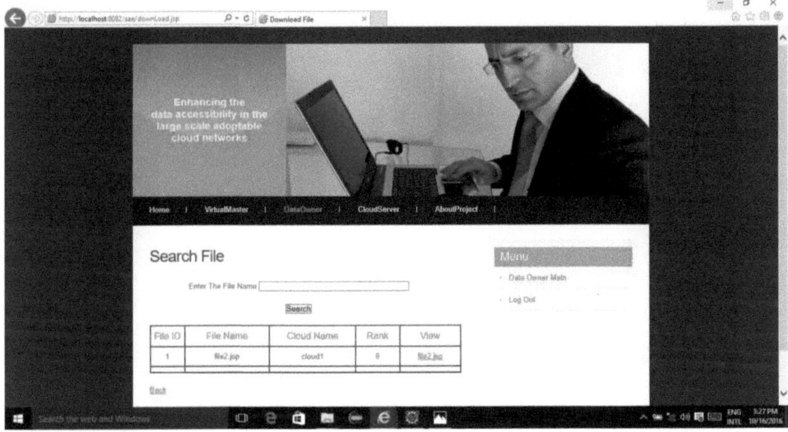

SCREEN 13

NOVO LOGIN DO PROPRIETÁRIO DOS DADOS

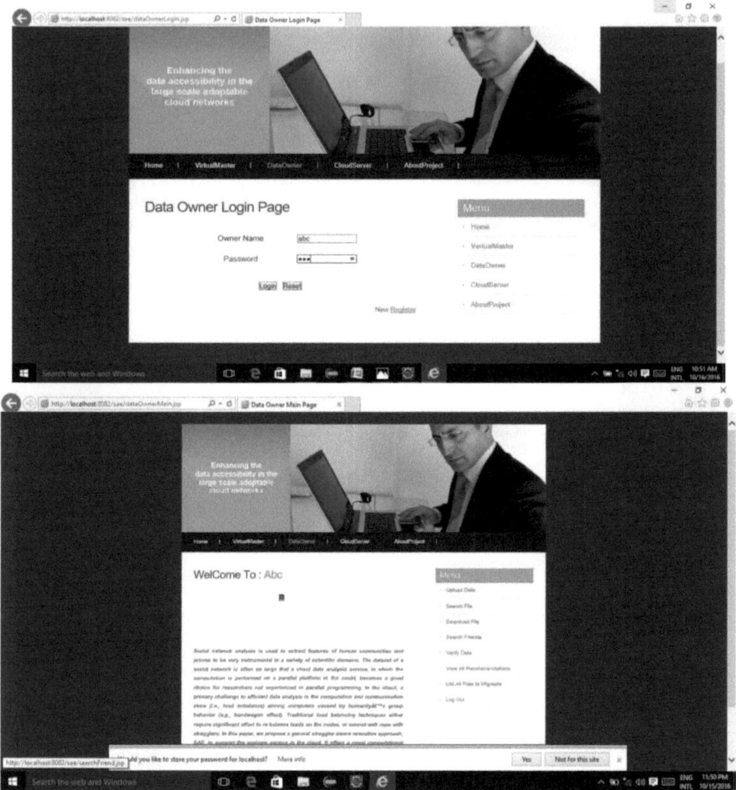

SCREEN 14

NOVA ACÇÃO 1 DO PROPRIETÁRIO DOS DADOS

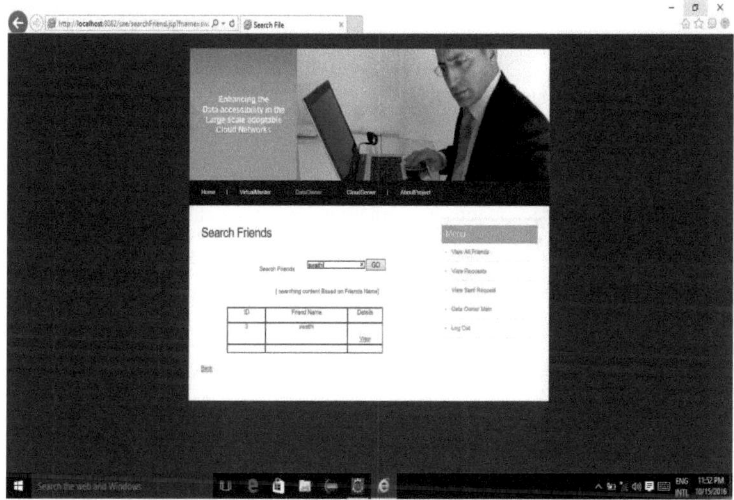

SCREEN 15

VER OS DETALHES

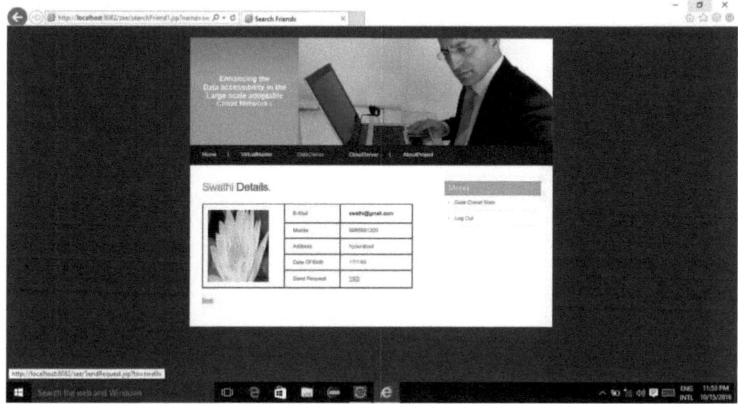

SCREEN 16

9:CONCLUSÃO

Para a análise de redes sociais, a convergência do FEP estreito pode precisar de experimentar um número significativo de iterações e também precisa de quantidades muito grandes de computação e comunicação em cada iteração, induzindo um desequilíbrio de carga grave. No entanto, para este problema, as soluções actuais ou requerem um significativo avanço, ou não podem explorar computadores subutilizados quando algumas características convergiram nas iterações iniciais, ou têm um mau desempenho devido ao elevado desequilíbrio de carga entre as tarefas iniciais. Com base nesta observação, propõe uma abordagem geral à decomposição de FEP em vários subprocessos, juntamente com um método para distribuir estes subprocessos de forma adaptativa, a fim de acelerar a sua convergência. Mais tarde, este documento também fornece um modelo de programação e um tempo de execução eficiente para apoiar esta abordagem. Como se mostra na Secção 5, o mestre na nossa abordagem pode tornar-se um ponto de estrangulamento. No trabalho futuro, estudaremos como utilizar a nossa abordagem de uma forma hierárquica para reduzir a sobrecarga de memória e avaliar o seu ganho de desempenho.

10.FUTURO APERFEIÇOAMENTO

No trabalho futuro, será útil estudar a nossa abordagem de uma forma hierárquica para reduzir a sobrecarga de memória e avaliar novamente o seu desempenho.

11 REFERÊNCIAS

[1] Z. Song and N. Roussopoulos, : Towards cloud data analysis for large scale social networks," Lecture Notes in Computer Science, vol.2121, pp. 79-96, Julho de 2001.

[2] X. Yu, K. Q. Pu, e N. Koudas, "Monitoring k-nearest neighborqueries over moving objects," in Proceedings of the [21stInternational] Conference on Data Engineering. IEEE, 2005, pp.631-642.

[3] T. Kanungo, D. M. Monte, N. S. Netanyahu, C. D. Piatko,R. Silverman, e A. Y. Wu, "Um eficiente k significa aglutinador de aglutinantes: Analysis and implementation", IEEE Transactionson Pattern Analysis and Machine Intelligence, vol. 24, no. 7, pp.881-892, Julho de 2002.

[4] L. Di Stefano e A. Bulgarelli, "Um algoritmo simples e eficiente de etiquetagem de componentes conectados", em Proceedings of theInternational Conference on Image Analysis and Processing. IEEE,1999, pp. 322-327.

[5] E. Deelman, G. Singh, M.-H. Su, J. Blythe, Y. Gil, C. Kesselman,G. Mehta, K. Vahi, G. B. Berriman, J. Good et al., "Pegasus:A framework for mapping complex scientific workflows ontodistributed systems," Scientific Programming, vol. 13, no. 3, pp.219-237, Janeiro de 2006.

[6] L. Katz, "A new status index derived from sociometric analysis", Psychometrika, vol. 18, no. 1, pp. 39-43, Março de 1953.

[7] D. Liben-Nowell e J. Kleinberg, "The link prediction problem for social networks," in Proceedings of the 12th internationalconference on Information and knowledge management. ACM,2003, pp. 556-559.

[8] S. Baluja, R. Seth, D. Sivakumar, Y. Jing, J. Yagnik, S. Kumar,D. Ravichandran, e M. Aly, "Video suggestion and discovery for youtube: taking random walks through the viewgraph," in Proceedings of the 17th international conference onWorld Wide Web. ACM, 2008, pp. 895-904.

[9] S. Brin e L. Page, "The anatomy of a large-scale hypertextualweb search engine", Computer networks and ISDN systems,vol. 30, no. 1, pp. 107-117, Abril de 1998.

[10] S. Baluja, R. Seth, D. Sivakumar, Y. Jing, J. Yagnik, S. Kumar,D. Ravichandran, e M. Aly, "Video suggestion and discovery for youtube: taking random walks through the

viewgraph," in Proceedings of the 17th international conference onWorld Wide Web. ACM, 2008, pp. 895-904.

[11] H. H. Song, T. W. Cho, V. Dave, Y. Zhang, e L. Qiu, "Scalable proximity estimation and link prediction in onlinesocial networks," in Proceedings of the 9th ACM SIGCOMMconference on Internet Measurement Conference. ACM, 2009, pp.322-335.

[12] Y. Zhang, X. Liao, H. Jin, e G. Min, "Resisting Skewaccumulation for Time-stepped Applications in the Cloud viaExploiting Parallelism", IEEE Transactions on Cloud Computing,

doi: 10.1109/TCC.2014.2328594, Maio de 2014.

[13] M. E. Newman e M. Girvan, "Finding and evaluatingcommunity structure in networks", Physical review E, vol. 69,no. 2, pp. 26-113, Fevereiro de 2004.

[14] I. D. Couzin, J. Krause, N. R. Franks, e S. A. Levin, "Effectiveleadership and decision-making in animal groups on themove", Nature, vol. 433, no. 7025, pp. 513-516, Fevereiro de 2005.

[15] S. Banerjee e N. Agarwal, "Analisar o comportamento colectivo dos blogs usando a inteligência do enxame", Knowledge and InformationSystems, vol. 33, no. 3, pp. 523-547, Dezembro de 2012.

I want morebooks!

Buy your books fast and straightforward online - at one of world's fastest growing online book stores! Environmentally sound due to Print-on-Demand technologies.

Buy your books online at
www.morebooks.shop

Compre os seus livros mais rápido e diretamente na internet, em uma das livrarias on-line com o maior crescimento no mundo! Produção que protege o meio ambiente através das tecnologias de impressão sob demanda.

Compre os seus livros on-line em
www.morebooks.shop

KS OmniScriptum Publishing
Brivibas gatve 197
LV-1039 Riga, Latvia
Telefax: +371 686 204 55

info@omniscriptum.com
www.omniscriptum.com

Printed by Books on Demand GmbH, Norderstedt / Germany